AF589037

ORDONNANCE DU ROI,

Concernant les différentes Maſſes deſtinées à l'entretien des Troupes.

Du 20 Mars 1764.

DE PAR LE ROI.

SA MAJESTÉ ayant ordonné l'établiſſement d'une Maſſe pour l'entretien du linge & de la chauſſure des Sergens, Tambour-major, Caporaux, Appointés, Grenadiers, Fuſiliers & Tambours ordinaires, au moyen d'une retenue de ſeize deniers par Sergent & Tambour-major, & de huit deniers par chaque Caporal, Appointé, Grenadier, Fuſilier, Tambour ordinaire; ayant de plus ordonné l'établiſſement d'une Maſſe de cinq livres par homme, par an, pour les réparations journalières néceſſaires à l'entretien du Soldat; & voulant auſſi favorablement traiter la Cavalerie, les Dragons, les Huſſards & les Dragons des Troupes-légères, & expliquer en même temps ses intentions sur la manière dont il lui sera rendu compte de l'emploi desdites Masses, SA MAJESTÉ a ordonné & ordonne ce qui suit:

ARTICLE PREMIER.

IL sera fait, sur la solde de paix de chaque Maréchal-des-logis, Fourrier, Brigadier, Carabinier, Cavalier, Hussard, Dragon, Dragon de Troupes-légères & Tambour, une retenue de seize deniers par jour, dont il sera formé une Masse pour leur entretien.

II.

CHAQUE Maréchal-des-logis, Fourrier, Brigadier, Carabinier, Cavalier, Hussard, Dragon & Dragon de Troupes-légères, sera tenu de se fournir, sur ladite Masse, de chemises, de cols, de bas, de guêtres blanches, de souliers, de manchettes de bottes, en toile grise; & sera chargé de l'entretien & du remplacement des éperons, de l'entretien & du remplacement des fourreaux de sabres & de baïonnettes, des bouts & chapes desdits fourreaux; des réparations & entretien des bandoulières, cartouches & ceinturons; de la fourniture du blanc & de la cire qui y seront nécessaires; des rubans pour leurs cheveux, des cocardes de basin blanc, des gants; de l'entretien & du remplacement des sangles & surfaix, des bridons d'abreuvoir, des longes, des licous en chanvre, des cordes à fourrages, sacs à avoine, étrilles, brosses, peignes, éponges, besaces de treillis; de la fourniture des balais, pelles & fourches pour les écuries, ainsi que des lampes, chandelles & falots nécessaires auxdites écuries; & d'entretenir de cirage, suif & huile, leurs bottes & les cuirs de l'équipage du cheval.

III.

INDÉPENDAMMENT de cette Masse, Sa Majesté a donné ses ordres pour en faire établir une aussi de seize deniers par homme, laquelle sera payée tous les mois, avec la Solde, sur le pied complet, & remise à la Caisse du régiment; voulant Sa Majesté que cette Masse ait lieu à commencer du 1.er du mois de Janvier dernier.

I V.

L'INTENTION de Sa Majesté est que cette Masse soit chargée des quatre deniers pour livre & sacs du montant de ladite Masse; du remplacement des trompettes neuves pour la Cavalerie, & des tambours pour les Dragons; du remplacement & des réparations des culottes de peaux, des doublures nécessaires à l'ancien habillement, pour en prolonger la durée, & de la main-d'œuvre des ouvriers pour les raccommoder; des réparations des porte-manteaux, chapeaux, mousquetons & sabres, & des baïonnettes pour les Dragons; du remplacement des lames de sabres, du ressemelage & remontage des bottes; des médicamens des hommes & du cheval, du ferrage des chevaux; du remplacement des mors de bride, du rétamage & des menues réparations qui y seront nécessaires; du remplacement, réparations & entretien des têtières de bride & de licous, rênes & filets, des panneaux de selles, coussinets, siéges, carcasses ou arçons, quartiers, contre-sanglons, poitrails, paires de fontes, trousse-queues, croupières, bottes pour porter le mousqueton, étrivières & courroies de toute espèce: Entendant Sa Majesté que les rubans pour les chevaux, soient supprimés dans tous les régimens de Cavalerie & de Dragons.

V.

IL sera de plus donné, sur cette Masse, une haute-paye de deux sous par jour à chaque Tambour de Dragons; au moyen de laquelle lesdits Tambours seront tenus d'entretenir leur caisse de peaux & de cordages, & de se fournir de baguettes.

V I.

AU moyen de la solde & des gages qui ont été réglés

aux Timbaliers & Trompettes des régimens de Cavalerie & Huſſards, ils ſeront tenus, ſavoir, les Timbaliers de l'entretien des peaux & du guindage des timbales, & de ſe fournir de baguettes; & les Trompettes, des raccommodages ou réparations journalières des trompettes.

VII.

SA MAJESTÉ ayant réglé que les Sergens, Maréchaux-des-logis, Fourriers, Brigadiers, Caporaux, Appointés, Carabiniers, Tambours ou Trompettes, Soldats, Cavaliers ou Dragons, Huſſards & Dragons de Troupes-légères, qui s'abſenteroient par congé limité, ne toucheroient, à leur retour, que la moitié de leur ſolde, & que ceux qui ne rejoindroient point à l'expiration deſdits congés, perdroient leur ſolde en entier; Elle veut & entend que la ſolde & la demi-ſolde, que leſdits hommes ne toucheront point, ſoient miſes à la Caiſſe du régiment, pour être jointes à la Maſſe de l'entretien du linge & chauſſure, tant pour l'Infanterie que pour la Cavalerie, Huſſards, Dragons & Troupes-légères, ainſi qu'il eſt plus particulièrement expliqué par l'Ordonnance que Sa Majeſté a fait rendre concernant les Revues des Commiſſaires des guerres.

VIII.

LA retenue des huit & ſeize deniers dans les régimens d'Infanterie, & des ſeize deniers dans les régimens de Cavalerie, Huſſards & Dragons, ſera exercée ſur la ſolde entière des abſens par congé; le ſurplus ſera partagé en deux parties, dont l'une appartiendra à l'homme abſent par congé, lors de ſon retour, & l'autre ſera miſe à la Maſſe de l'entretien du linge & chauſſure, conformément à l'article VII.

IX.

LES Cavaliers, Huſſards & Dragons de chaque eſcouade, préſens aux Corps, ſeront tenus de panſer les

les chevaux montés par les hommes qui feront abfens par congé, fans que pour ce ils puiffent prétendre d'autres dédommagemens que celui de participer à la demi-folde defdits abfens, laquelle fera employée à l'entretien de chacun d'eux, conformément à ce qui eft réglé par l'article II.

X.

L'INTENTION de Sa Majefté eft que le décompte de la Maffe du linge & chauffure, foit fait à chaque Sergent, Maréchal-des-logis, Fourrier, Brigadier, Caporal, Appointé, Carabinier, Cavalier, Huffard, Dragon, Tambour & Dragon de Troupes-légères, tous les quatre mois, régulièrement & fans aucun retard, fous quelque prétexte que ce puiffe être, afin que chacun d'eux connoiffe fa fituation.

X I.

VEUT Sa Majefté qu'après ce décompte fait, on conferve à la Maffe de l'entretien du linge & chauffure la fomme de quinze livres pour chaque homme de pied & de cheval, laquelle formera le premier article de recette du décompte fuivant, & fervira aux befoins imprévus de chacun defdits hommes; & que le furplus leur foit délivré fur le champ. L'intention de Sa Majefté étant que lefdites quinze livres, confervées à la Caiffe, ne foient données à chacun d'eux que lorfqu'après avoir obtenu leur congé abfolu, ils quitteront le régiment.

X I I.

SA MAJESTÉ voulant qu'il lui foit rendu un compte exact & uniforme de la recette & de la dépenfe defdites Maffes, a fait joindre à la préfente ordonnance les modèles des différens États qui en feront dreffés, lefquels États feront certifiés véritables par celui qui fera chargé de la Caiffe de chaque régiment, vérifiés & certifiés par les Colonel, Lieutenant-colonel & Major, &, en leur abfence, par les deux plus anciens Capitaines & un

Aide-major, collationnés par le Commiſſaire des guerres chargé de la police du régiment, viſés & arrêtés par l'Officier général chargé de l'inſpection du régiment, & enſuite envoyés, par les Majors, au Secrétaire d'État ayant le département de la guerre.

MANDE & ordonne Sa Majeſté aux Officiers généraux ayant commandement ſur ſes Troupes, aux Gouverneurs & Lieutenans généraux dans ſes provinces, aux Gouverneurs de ſes villes & places, aux Inſpecteurs généraux de ſes Troupes, aux Intendans dans ſes provinces & ſur ſes frontières, aux Commiſſaires des guerres, & à tous autres ſes Officiers qu'il appartiendra, de tenir la main à l'exécution de la préſente ordonnance. FAIT à Verſailles le vingt mars mil ſept cent ſoixante-quatre. *Signé* LOUIS. *Et plus bas,* LE DUC DE CHOISEUL.

A PARIS,
DE L'IMPRIMERIE ROYALE.

M. DCCLXIV.

MODÉLES des différens États à fournir.

INFANTERIE FRANÇOISE.

RÉGIMENT de
compofé de
bataillons.

RECETTE.

RETENUE aux Soldats pour Linge & Chauffure.

ÉTAT du produit de la Retenue faite aux bataillons du régiment d pour l'entretien du Linge & de la Chauff[illegible], fur le pied de feize deniers par Sergent & Tambour-major, & huit deniers par Caporal, Appointé, Fufilier & Tambour ordinaire, pendant partie de l'année 1764.

PENDANT les derniers jours du mois de	Sergens & Tambour-major.	
	Fufiliers	
Pendant le mois d'Avril	Sergens & Tambour-major.	
	Fufiliers	
Pendant le mois de Mai	Sergens & Tambour-major.	
	Fufiliers	
Pendant Juin	Sergens & Tambour-major.	
	Fufiliers	
Pendant Juillet	Sergens & Tambour-major.	
	Fufiliers	
Pendant Août	Sergens & Tambour-major.	
	Fufiliers	
Pendant Septembre ..	Sergens & Tambour-major.	
	Fufiliers	
Pendant Octobre	Sergens & Tambour-major.	
	Fufiliers	
Pendant Novembre ..	Sergens & Tambour-major.	
	Fufiliers	
Pendant Décembre ...	Sergens & Tambour-major.	
	Fufiliers	
	TOTAL	

CERTIFIÉ véritable & conforme au regiftre de Recette dudit

régiment, par nous chargé de la Caisse dudit Corps. A
le

Vérifié par nous { *Colonel,* / *Comm.^t* } { *L.^t-colonel* / *ancien Cap.^e* } { *& Major* / *& Aide-major* } *dudit*
régiment. A *le*

Collationné par nous Commissaire des guerres, conforme au registre de Recette détaillé par chacune des compagnies qui composent ledit régiment, lequel nous a été représenté, & dont nous avons calculé le produit des retenues ci-dessus spécifiées, montant à la somme de *Fait à*
le

Vu & arrêté le produit des Retenues pour linge & chaussure, détaillées au présent état, à la somme de
par nous *des armées du Roi. A*
le *jour d*

RÉGIMENT
de
composé de
bataillons.

DEMI-SOLDE des absens par congé qui ont rejoint à l'expiration, & SOLDE entière de ceux qui ont outrepassé le temps dudit congé.

ÉTAT du produit de la Demi-solde des hommes absens par congé, & de la Solde entière de ceux qui ont outrepassé le terme dudit congé du régiment d pendant les temps ci-après.

SAVOIR;

Pour la DEMI-SOLDE.

		liv.	sous	den.
Pend.t le mois de	Sergens	″	″	″
	Fourriers	″	″	″
	Caporaux	″	″	″
	Appointés	″	″	″
	Grenadiers	″	″	″
	Tambours	″	″	″
	Fusiliers	″	″	″
Pend.t le mois de	Sergens	″	″	″
	Fourriers	″	″	″
	Caporaux	″	″	″
	Appointés	″	″	″
	Grenadiers	″	″	″
	Tambours	″	″	″
	Fusiliers	″	″	″

Pour la SOLDE entière.

		liv.	sous	den.
Pend.t le mois de	Sergens	″	″	″
	Fourriers	″	″	″
	Caporaux	″	″	″
	Appointés	″	″	″
	Grenadiers	″	″	″
	Tambours	″	″	″
	Fusiliers	″	″	″

Et ainsi de suite pendant les mois suivans.

CERTIFIÉ véritable & conforme au registre tenu audit

régiment, par nous chargé de la Caisse dudit Corps. A

Verifié par nous { *Colonel, L.t-colonel & Major* / *Comm.t ancien Cap.e & Aide-major* } *dudit régiment. A le*

Collationné par nous Commissaire de guerres, & trouvé conforme au registre détaillé par chacune des compagnies qui composent ledit régiment, lequel nous a été représenté, & dont nous avons calculé le produit de la demi-solde ci-dessus, montant à la somme de FAIT à le .

Vu & arrêté le produit de la demi-solde, détaillé au présent état, à la somme de par nous des armées du Roi. A le

INFANTERIE FRANÇOISE.

DÉPENSE.

LINGE ET CHAUSSURE.

RÉGIMENT de
composé de
bataillons.

ÉTAT de la Dépense faite sur le produit des retenues destinées à l'entretien du Linge & de la Chaussure des Sergens & Fourriers, Caporaux, Appointés, Fusiliers & Tambours du régiment de pendant les mois de

SAVOIR:

POUR chemises délivrées à pareil nombre d'hommes, au prix de ....

Pour chemises délivrées à raison de deux à chacun de hommes, au prix de ....

Pour cols {d'étamine ou de panne} noire, à raison d'un pour même nombre d'hommes, au prix de ....

Pour paires de souliers par hommes, au prix de la paire........................

Pour ressemelage de paires de souliers, à chacune................................

Pour paires de guêtres {blanches ou noires} délivrées à hommes, au prix de chaque..........

Délivré à hommes la quantité de aunes de ruban de queue, à l'aune...............

Délivré cocardes de basin blanc, à raison de chacune..............................

Pour de havresacs {de toile ou de peau de veau à poil} délivrés à pareil nombre d'hommes, revenant chacun à ci...

Feuille de la retenue exercée par les Trésoriers, pour linge & chaussure délivrés en route aux Soldats, passant dans le royaume pour rejoindre le régiment...........

Pour les imprimés, papier, encre & plume...........

TOTAL.........

CERTIFIÉ véritable par nous, chargé de la Caisse dudit

régiment, conforme au registre de la Dépense, détaillée par chaque espèce d'effets délivrés à chaque compagnie. A le jour d

VÉRIFIÉ & certifié par nous Commandant & Major dudit régiment. A le jour d 176

VU par nous Commissaire des guerres, les pièces & quittances des objets de Dépense ci-dessus spécifiés, signées & certifiées des {*Colonel, L.t-colonel & Major* / *Comm.t ancien Cap.e & Aide-major*} *dudit régiment, & extraites au Registre-journal qui nous a été représenté; vu aussi les reconnoissances des Capitaines, des différens effets délivrés à leur compagnie, nous avons trouvé la dépense monter à la somme de à laquelle nous avons arrêté ledit journal, visé & paraphé lesdites quittances, reconnoissances & pièces justificatives, & nous les avons remises à M. chargé de la Caisse dudit régiment, pour être par lui représentées, si besoin est. FAIT à*

VU & arrêté le montant de la dépense détaillée au présent état, à la somme de pour être acquittée par le produit de la retenue exercée sur la Solde, à titre de linge & chaussure, par nous des armées du Roi. A le

INFANTERIE FRANÇOISE.

RÉGIMENT
de
composé de
bataillons.

RECETTE.

PETITE MASSE
de cinq livres par homme.

ÉTAT du produit de la petite Masse entré dans la Caisse du régiment d depuis sa nouvelle composition jusqu'au 1.er Janvier 1764.

POUR les derniers jours du mois d

Pendant les derniers mois de ladite année, à raison de par chacun . . . .

TOTAL du produit de la petite Masse . . .

CERTIFIÉ véritable & conforme au registre de Recette dudit régiment, par nous chargé de la Caisse dudit Corps. A le

VÉRIFIÉ par nous Commandant & Major dudit régiment. A le

COLLATIONNÉ par nous Commissaire des guerres, & trouvé conforme au registre de Recette dudit régiment, qui nous a été représenté, & dont nous avons calculé le produit pour la petite Masse échue pendant le temps ci-dessus spécifié, montant à la somme de
FAIT à le

VU & arrêté le montant de la Masse, pour entretien & réparations échues pendant les temps ci-dessus désignés, à la somme de par nous des armées du Roi. A le

d

INFANTERIE FRANÇOISE.

RÉGIMENT
de
composé de
bataillons.

DÉPENSE.

Petite MASSE de 5 livres par homme, sur le pied complet de hommes.

ÉTAT de la Dépense faite sur le produit de la petite Masse, depuis le jusqu'au 1.er Janvier 1764.

POUR les quatre deniers pour livre de la somme de montant de la petite Masse............

Sacs de ladite somme de à raison de six deniers dûs par cent livres........................

Pour la haute-paye de Tambours, à raison de deux sous par jour, pendant ledit temps..............

Pour réparations aux fusils, pendant *Idem*..........

Pour fourreaux de baïonnettes, au prix de chacun..................................

Pour avoir fait réparer sabres................

Pour lames de sabres, au prix de chacun..

Pour fourreaux de sabres, à raison de chacun...................................

Pour la main-d'œuvre des Ouvriers qui ont réparé & raccommodé l'habillement.....................

Pour aunes de {serge / cadis} au prix de chacune, pour raccommoder la doublure dudit habillement....

Pour avoir fait réparer chapeaux.............

Pour réparations à gibernes...................

Pour avoir fait réparer ceinturons............

Pour le remplacement de caisses ou fûts de tambours, achetés au prix de chacun...............

Pour avoir fait réparer le fût de tambours......

Pour les imprimés, papier, encre & plumes consommés pour les comptes ouverts dans chaque compagnie, pendant les temps ci-dessus spécifiés.............

TOTAL.......

CERTIFIÉ véritable par nous chargé de la Caisse dudit régiment,

conforme au registre de dépense. A
le jour d 176

Vérifié & certifié par nous {*Colonel, L.t-colonel & Major* / *Comm.t ancien Cap.t & Aide-major*} *dudit régiment. A le jour d 176*

Vu par nous Commissaire des guerres, les pièces & quittances des objets de Dépense ci-dessus spécifiés, signées & certifiées des Officiers commandant ledit régiment, & extraites au Registre-journal qui nous a été représenté; vu aussi les reconnoissances des Capitaines, contenant les différens effets délivrés à leur compagnie, nous avons trouvé la dépense monter à la somme de à laquelle nous avons arrêté ledit journal, visé & paraphé lesdites quittances, reconnoissances & pièces justificatives, & nous les avons remises à M. chargé de la Caisse dudit régiment, pour être par lui représentées, si besoin est. Fait à le

Vu & arrêté le montant de la Dépense détaillée au présent état, à la somme de pour être acquittée par le produit de la petite Masse, par nous des armées du Roi. A le jour a

RÉGIMENT
d

INFANTERIE FRANÇOISE.

***BALANCE** des Recettes & Dépenses employées au menu entretien & aux réparations de l'habillement, équipement & armement du régiment d pendant les temps ci-après, suivant les états ci-joints.*

RECETTE...
- LE produit de la retenue, à titre de linge & chaussure, pendant suivant l'état arrêté le est de...............
- Le produit de la demi-solde des Soldats absens par congé, & de la solde entière des hommes qui n'ont pas joint à l'expiration, suivant l'état arrêté le est de...............

TOTAL..........

DÉPENSE... Le montant de l'entretien du linge & chaussure, & des autres effets relatifs à la propreté de l'homme, suivant l'état arrêté le est de.......

PARTANT...
- Il reste en Caisse au 1.er du mois de ..
- La Caisse redoit au 1.er de ...

Il sera fait le rappel dans l'état subséquent, du restant à la Caisse, ou de ce qu'elle redevra.

RECETTE...
- Le produit de la petite Masse, suivant l'état arrêté le jour du mois de 176 ....
- Pour les mois de est de............

DÉPENSE... La dépense des réparations, imputée sur ladite Masse, pendant ledit temps, suivant l'état arrêté cejourd'hui est de............

PARTANT...
- Il reste à la Caisse au 1.er du mois d ..
- La Caisse redoit au 1.er de ...

CERTIFIÉ véritable par nous chargé de la Caisse dudit

e

régiment. A le jour de

VÉRIFIÉ & certifié par nous { *Colonel, Lieut.t-colonel & Major* / *Comm.t ancien Cap.e & Aide-major* } *dudit régiment. A le*

VU par nous des armées du Roi. A le jour de

INFANTERIE {*ITALIENNE.* *ALLEMANDE.* *IRLANDOISE.*}

RÉGIMENT de
composé de bataillons.

RETENUE pour linge & chaussure, l'entretien & la propreté du Soldat.

RECETTE.

ÉTAT du produit de la Retenue exercée sur la solde de paix, à raison de seize deniers par jour pour chaque Sergent & Fourrier, & de huit deniers par chaque Caporal, Appointé, Grenadier, Fusilier & Tambour du régiment de Infanterie {italienne allemande irlandoise}:

SAVOIR,

Pendant le mois de Janvier..	Sergens & Fourriers.	//	//	//	
	Fusiliers	//	//	//	
Février..	Sergens & Fourriers.	//	//	//	
	Fusiliers	//	//	//	
Mars...	Sergens & Fourriers.	//	//	//	
	Fusiliers	//	//	//	

TOTAL.........

PRODUIT de la petite Masse d'un sou par jour, sur le pied complet de hommes.

Pendant les mois de Janvier.....	//	//	//	
Février	//	//	//	
Mars.............	//	//	//	

TOTAL GÉNÉRAL.....

CERTIFIÉ véritable & conforme au registre de Recette dudit régiment, par nous chargé de la Caisse dudit Corps. A le

VÉRIFIÉ par nous { *Colonel, Lt-colonel & Major* / *Comm.t ancien Cap.e & Aide-major* } *dudit régiment. A le*

COLLATIONNÉ par nous Commissaire des guerres, & trouvé conforme au registre de Recette dudit régiment, qui nous a été représenté, & dont nous avons calculé le produit, pour la petite Masse échue pendant le temps ci-dessus, montant à la somme de FAIT à le

VU & arrêté le montant de la petite Masse, échue pendant ledit temps, à la somme de par nous des armées du Roi. A le

INFANTERIE {*ITALIENNE. ALLEMANDE. IRLANDOISE.*}

RÉGIMENT de
composé de
bataillons.

DÉPENSE.

EMPLOI DE LA MASSE & de la RETENUE affectées au linge, à la chaussure, à l'entretien & à la propreté du Soldat.

ÉTAT de la Dépense faite sur le produit de la petite Masse, & des retenues affectées à l'entretien du linge, chaussure & propreté des Sergens & Fourriers, Caporaux, Appointés, Fusiliers & Tambours du régiment de

Infanterie {*italienne allemande irlandoise*} *pendant les mois de*

POUR les quatre deniers pour livre de la somme de montant de la petite Masse........

Pour chemises délivrées à hommes, à raison de deux pour chacun, & au prix de chaque chemise...........................

Pour cols {d'étamine ou de panne} noire, délivrés à pareil nombre d'hommes...........................

Pour paires de souliers, délivrés à raison de {une deux} pour chacun des hommes, au prix de chaque paire.........................

Pour le ressemelage de paires de souliers, à chacune.........................

Pour de bas {de laine ou de fil} délivrés à hommes, à raison de pour chacun, au prix de la paire....................

Pour paires de guêtres de toile {noire ou blanche} délivrées à hommes, au prix de.....................

Pour paires de jarretières de cuir, garnies de boucles, délivrées à hommes, au prix de la paire..........................

Pour la poudre & la craie, évaluée à trois sous par mois par homme, sur le pied effectif

	liv.	sous	den.
à hommes pend.t le mois de Janvier	//	//	//
à hommes pendant Février......	//	//	//
à hommes pendant Mars.......	//	//	//

f

De l'autre part . . . .

Feuille de retenue des avances faites pour linge & chaussure, aux Soldats passant dans le royaume pour rejoindre le régiment . . . .

Décompte de la retenue des seize deniers revenant à Sergens & Fourriers congédiés, déduction faite du prix des effets qui leur ont été fournis . . . .

Décompte de la retenue des huit deniers revenant à Caporaux, Appointés, Grenadiers, Fusiliers & Tambours congédiés, *Idem* . . . .

Pour havresacs de peau de veau à poil, délivrés à pareil nombre d'hommes, revenant chacun à . . . .

TOTAL de la Dépense . . . .

CERTIFIÉ véritable par nous chargé de la Caisse dudit régiment, conforme au registre de la Dépense détaillée par espèce desdits effets achetés & délivrés aux differentes compagnies. A le jour d

VÉRIFIÉ & certifié par nous { *Colonel, L.^t-colonel & Major* / *Comm.^t ancien Cap.^e & Aide-major* } *dudit régiment. A le jour de*

VU par nous Commissaire des guerres, les pièces & quittances des objets de Dépense ci-dessus détaillés, signées & certifées des { *Colonel, L.^t-colonel & Major* / *Comm.^t ancien Cap.^e & Aide-major* } *dudit régiment, & extraites au Registre-journal qui nous a été représenté; vu aussi les reconnoissances des Capitaines, contenant les différens effets délivrés à leur compagnie, nous avons trouvé la Dépense monter à la somme de à laquelle nous avons arrêté ledit journal, visé & paraphé lesdites quittances, reconnoissances & pièces justificatives, & nous les avons remises à M. chargé de la Caisse dudit régiment, pour être par lui représentées, si besoin est.* FAIT *à le jour d*

VU & arrêté le montant de la Dépense détaillée au présent état, à la somme de
pour être acquittée par le produit de la petite Masse, par nous des armées du Roi.

A le jour d

INFANTERIE { ITALIENNE. ALLEMANDE. IRLANDOISE.

RÉGIMENT de
composé de bataillons.

RECETTE.

PETITE MASSE de 6 livres par homme, sur le pied complet de hommes.

ÉTAT du produit de la petite Masse, entré dans la Caisse du régiment d depuis sa nouvelle composition jusqu'au 1.er Janvier 1764.

POUR les premiers jours du mois de . . .

Pendant les derniers mois de ladite année, à raison de par chacun, ci. . . . . . .

TOTAL du produit de la petite Masse. . . .

CERTIFIÉ véritable & conforme au registre de Recette dudit régiment, par nous chargé de la Caisse dudit Corps. A le

VÉRIFIÉ par nous { Colonel, L.t-colonel & Major / Comm.t ancien Cap.e & Aide-major } dudit régiment, le

COLLATIONNÉ par nous Commissaire des guerres, & trouvé conforme au registre de Recette dudit régiment, qui nous a été représenté, & dont nous avons calculé le produit pour la petite Masse échue pendant le temps ci-dessus, montant à la somme de

FAIT à le

VU & arrêté le montant de la petite Masse, échue pendant ledit temps, à la somme de

par nous des armées du Roi.

A le

INFANTERIE { ITALIENNE. ALLEMANDE. IRLANDOISE. }

DÉPENSE.

RÉGIMENT de
composé de bataillons.

PETITE MASSE de 6 livres par homme, sur le pied complet.

ÉTAT de la Dépense faite sur le produit de la petite Masse affectée aux menues réparations, depuis jusques & compris le mois de

POUR les quatre deniers pour livre de la somme de montant de la petite Masse. . .

Pour sacs de ladite somme, à raison de six deniers dûs par cent livres. . . . .

Pour la haute-paye de Tambours, à raison de deux sous par jour pendant ledit temps. . . . .

Pour réparations aux fusils pendant ledit temps. . . . . . .

Pour fourreaux de baïonnettes, au prix de chacun. . . . .

Pour lames de sabres, à raison de chacune.

Pour avoir fait réparer sabres. . . . .

Pour fourreaux de sabres, à raison de chacun. . . . .

Pour la main-d'œuvre des ouvriers qui ont réparé & raccommodé l'habillement. . . . .

Pour aunes de { serge cadis } de couleur au prix de l'aune, & employée à réparer les doublures dudit habillement. . . . .

Pour avoir fait réparer chapeaux. . . . .

Pour réparations à gibernes. . . . .

Pour avoir fait réparer ceinturons. . . . .

Pour le remplacement de caisses ou fûts de tambours, achetées au prix de chacune. . . .

Pour avoir fait réparer le fût de Tambours. . .

Pour les imprimés, papier, encre & plumes, consommés pour les comptes ouverts dans chaque compagnie, pendant le temps ci-dessus spécifié. . . . .

TOTAL. . . . .

CERTIFIÉ véritable par nous chargé de la Caisse dudit

régiment, conforme au registre de la Dépense détaillée par espèce desdits effets achetés & délivrés aux différentes compagnies. A le jour d

VÉRIFIÉ *& certifié par nous* {*Colonel, L.t-colonel & Major* / *Comm.t ancien Cap.e & Aide-major*} *dudit régiment. A le jour d*

VU *par nous Commissaire des guerres, les pièces & quittances des objets de Dépense ci-dessus détaillés, signées & certifiées des* {*Colonel, L.t-colonel & Major* / *Comm.t ancien Cap.e & Aide-major*} *dudit régiment, & extraites au Registre-journal qui nous a été représenté; vu aussi les reconnoissances des Capitaines, contenant les différens effets délivrés à leur compagnie, nous avons trouvé la Dépense monter à la somme de*
à laquelle nous avons arrêté ledit journal, visé & paraphé lesdites quittances, reconnoissances & pièces justificatives, & nous les avons remises à M. chargé de la Caisse dudit régiment, pour être par lui représentées, si besoin est. FAIT *à le jour d*

VU *& arrêté le montant de la Dépense détaillée au présent état, à la somme de*
pour être acquittée par le produit de la petite Masse, par nous des armées du Roi. A le jour d

INFANTERIE { ITALIENNE. ALLEMANDE. IRLANDOISE.

RÉGIMENT de

BALANCE des Recettes & Dépenses employées au menu entretien & aux réparations de l'habillement, équipement & armement du régiment d pendant les temps ci-après, suivant les états ci-joints.

RECETTE. { LE produit de la petite masse & des retenues affectées à l'entretien & à la propreté du Soldat, pendant suivant l'état arrêté le , est de . . . . ″ ″ ″

DÉPENSE. { Le montant de l'entretien du linge & chaussure, & des autres effets relatifs à la propreté de l'homme, suivant l'état arrêté le est de . . . . ″ ″ ″

Nota. *Le restant en caisse ou le débet par la caisse, sera reporté à l'état subséquent.*

PARTANT { Il reste en Caisse au 1.er de . . ″ ″ ″
La Caisse redoit au 1.er de . . ″ ″ ″

RECETTE. { Le produit de la petite masse, pour les réparations, suivant l'état arrêté le est de . . . . ″ ″ ″

DÉPENSE. { La dépense desdites réparations pendant ledit temps, suivant l'état arrêté cejourd'hui, est de . . . . ″ ″ ″

PARTANT { Il reste en Caisse au 1.er de . . ″ ″ ″
La Caisse redoit au 1.er de . . ″ ″ ″

CERTIFIÉ véritable par nous chargé de la Caisse dudit régiment. A le jour de

VÉRIFIÉ & certifié par nous { *Colonel, L.t-colonel & Major* / *Comm.t ancien Cap.e & Aide-major* }

h

audit régiment. A le

Vu par nous des armées du Roi. A le jour d

CAVALERIE ou DRAGONS.

RÉGIMENT de

RECETTE.

Pour l'entretien du Cavalier.

RETENUE de 16 deniers par jour, pour linge, chaussure & autres parties d'entretien à la charge du Cavalier & Dragon.

ÉTAT du produit de la Retenue faite aux (Cavaliers / Dragons) du régiment de à titre d'entretien du Linge & Chaussure, & des autres menus effets relatifs à la propreté de l'homme, à raison de seize deniers par jour sur la solde de paix des Fourriers, Brigadiers, (Carabiniers, / Appointés, Cavaliers, / Dragons, & Trompettes, / Tambours,) pendant les temps ci-après détaillés:

SAVOIR,

PENDANT le mois de 1764 hommes effectifs.

Pendant le mois de *Idem*........

Pendant le mois de *Idem*........

Pendant le mois de *Idem*........

&c.

CERTIFIÉ véritable & conforme au registre de Recette dudit régiment, par nous chargé de la Caisse dudit corps. A

le

VÉRIFIÉ par nous Colonel, Lieutenant-colonel & Major dudit régiment. A le

COLLATIONNÉ par nous Commissaire des guerres, & trouvé conforme au registre de recette, détaillé pour chacune des compagnies qui composent ledit régiment, lequel nous a été représenté,

& dont nous avons calculé le produit pour les retenues, ci-dessus, montantes à la somme de

FAIT à *le*

VU & arrêté le montant des retenues au présent état, à la somme de *par nous* *des armées du Roi. A* *le*

CAVALERIE.

RÉGIMENT de

DEMI-SOLDE des absens par congé, & SOLDE entière de ceux qui ont outrepassé leur congé.

RECETTE.

ÉTAT du produit de la Demi-solde des Hommes absens par congé, qui ont rejoint à l'expiration, & de la Solde entière de ceux qui ont outrepassé le terme dudit congé du régiment de Cavalerie, pendant les temps ci-après.

SAVOIR:

Pour ceux qui ont rejoint à l'expiration du congé.

Pendant les mois de	Maréchaux-des-logis.	"	"	"
	Fourriers........	"	"	"
	Brigadiers........	"	"	"
	Carabiniers.......	"	"	"
	Cavaliers........	"	"	"
	Trompettes.......	"	"	"

Pour ceux qui ont outrepassé leur congé.

De	Maréchaux-des-logis.	"	"	"
	Fourriers........	"	"	"
	Brigadiers........	"	"	"
	Carabiniers.......	"	"	"
	Cavaliers........	"	"	"
	Trompettes.......	"	"	"

& ainsi de suite pendant les mois subséquens.

TOTAL........

CERTIFIÉ véritable & conforme au registre tenu audit régiment, par nous chargé de la Caisse dudit Corps. A le

VÉRIFIÉ par nous {*Colonel, L.t-colonel & Major* / *Comm.t ancien Cap.t & Aide-major*} *dudit*

i

régiment. A le

Collationné par nous Commissaire des guerres, & trouvé conforme au registre de Recette détaillé pour chacune des compagnies qui composent ledit régiment, lequel nous a été représenté, & dont nous avons calculé le produit de la Demi-solde ci-dessus, montant à la somme de FAIT *à*
le

Vu & arrêté le produit de la Demi-solde, détaillé au présent état, à la somme de par nous
des armées du Roi. A
le

CAVALERIE
ou
DRAGONS.

RÉGIMENT
de

DÉPENSE.

EMPLOI de la retenue de 16 deniers par jour, pour linge, chaussure, & autres parties d'entretien du Cavalier ou Dragon.

ÉTAT de la Dépense faite sur le produit des retenues destinées à l'entretien du linge & de la chaussure des Fourriers, Brigadiers, Carabiniers, Cavaliers & Tambours du régiment de pendant

SAVOIR:

POUR chemises délivrées, à raison d'une à chacun de pareil nombre d'hommes, au prix de....

Pour chemises délivrées, à raison de deux à chacun de hommes, au prix de..............

Pour cols {d'étamine ou de panne} noire, pour même nombre d'hommes, au prix de chacun, ci........

Pour paires de bas {de fil de laine} pour hommes, au prix de la paire, ci................

Pour guêtres blanches, à raison de la paire.................................

Pour paires de souliers pour hommes, au prix de chacune, ci................

Pour ressemelage de paires de souliers à chacune...............................

Pour l'achat de paires d'éperons neufs, à la paire, ci.............................

Pour avoir fait réparer paires d'éperons......

Pour paires de manchettes de bottes, en toile grise.................................

Pour fourreaux de sabres, à ......

Pour fourreaux de baïonnettes, à ...

Pour de bouts & de chapes desdits fourreaux, à la ....

Pour réparation de bandoulières.............

Pour avoir fait réparer cartouches............

Pour réparation de ceinturons...............

De l'autre part . . . .

Pour la fourniture du blanc employé à l'entretien de la buffleterie, ci . . . .

Pour la fourniture de la cire employée au même entretien . .

Pour aunes de ruban pour les cheveux des Cavaliers, à l'aune . . . .

Pour cocardes de basin blanc, à chacune . .

Pour paires de gants, à chacune . . . .

Pour garnitures de sangles, surfaix compris, à chacune . . . .

Pour bridons d'abreuvoir, à chacun . . . .

Pour cordes à fourrages, à l'une . . . . . .

Pour longes de chanvre pour licols, à chacune . . . .

Pour sacs à avoine, à chacun . . . . . .

Pour étrilles neuves, à l'une . . . .

Pour réparations aux anciennes étrilles . . . .

Pour de brosses pour les chevaux, à chacune.

Pour peignes pour les chevaux, à l'un . . .

Pour éponges, à chacune . . . .

Pour besaces de treillis, à chacune . . . .

Feuille de la retenue exercée par les Trésoriers pour linge & chaussure, délivrés en route aux Cavaliers passant dans le royaume pour rejoindre le régiment, le . . . .

TOTAL . . . .

CERTIFIÉ véritable par nous chargé de la Caisse dudit régiment, conforme au registre de la Dépense détaillée par espèce desdits effets achetés & délivrés aux différentes compagnies. A le jour d

VÉRIFIÉ & certifié par nous {*Colonel, L.t-colonel & Major* / *Comm.t ancien Cap.e & Aide-major*} *dudit régiment. A le jour d 176*

Vu par nous Commiſſaire des guerres, les pièces & quittances des objets de Dépenſe ci-deſſus détaillées, ſignées & certifiées des { *Colonel, L.t-colonel & Major* / *Comm.t ancien Cap.e & Aide-major* } *dudit régiment, & extraites au Regiſtre-journal qui nous a été repréſenté; Vu auſſi les reconnoiſſances des Capitaines, concernant les différens effets délivrés à leur compagnie; nous avons trouvé la Dépenſe monter à la ſomme de à laquelle nous avons arrêté ledit journal, viſé & paraphé leſdites quittances, reconnoiſſances & pièces juſtificatives, & nous les avons remiſes au ſieur chargé de la Caiſſe dudit régiment, pour être par lui repréſentées, ſi beſoin eſt. Fait à*

Vu & arrêté le montant de la Dépenſe détaillée au préſent état, à la ſomme de pour être acquittée par le produit de la retenue exercée ſur la ſolde, à titre de menu entretien, par nous des armées du Roi. A le jour d

CAVALERIE. *RECETTE.*

RÉGIMENT
de

PETITE MASSE de 24 livres par homme, sur le pied complet de Cavaliers, Trompettes & Timbaliers compris.

ÉTAT du produit de la Masse d'entretien, entré dans la Caisse du régiment d depuis le 1.er Janvier 1764, jusques & compris le

PENDANT le mois de Janvier ....
Pendant celui de Février *Idem*...........
Pendant celui de Mars *Idem*...........
Pendant celui de *Idem*...........
&c.

TOTAL du produit de ladite Masse....

CERTIFIÉ véritable & conforme au registre de Recette dudit régiment d par nous chargé de la Caisse dudit Corps. A le

VÉRIFIÉ par nous Commandant & Major dudit régiment. A le

COLLATIONNÉ par nous Commissaire des guerres, & trouvé conforme au registre de Recette dudit régiment, qui nous a été présenté, & dont nous avons calculé le produit, pour la Masse d'entretien & de réparation échue pendant les temps ci-dessus, montant à la somme de FAIT à le

VU & arrêté le montant de la Masse d'entretien, pour le temps ci-dessus spécifié, à la somme de par nous des armées du Roi. A le

CAVALERIE.

RÉGIMENT de

DÉPENSE.

EMPLOI de la petite MASSE de 24 livres par homme, pour entretien & réparations pendant le mois de 176

ÉTAT de la Dépense faite sur le produit de la petite Masse établie pour le complet de hommes, à raison de 24 livres par année.

POUR les quatre deniers pour livre de la somme de montant de ladite masse pendant ...

Pour sacs de ladite somme, à raison de six deniers par cent livres........................

Pour le prix de trompettes neuves, à raison de chacune, ci..............................

RÉPARATIONS à l'habillement, équipement & armement.

Pour de culottes de peau de au prix de chacune..............

Pour la main-d'œuvre des Ouvriers qui ont réparé & raccommodé les surtouts & gilets.............

Pour avoir fait réparer & raccommoder le grand uniforme.

Pour aunes de doublure {serge / cadis} de couleur employées aux réparations dudit habillement, à l'aune...........................

Pour les réparations de porte-manteaux.....

Pour avoir fait réparer chapeaux........

Pour réparations à mousquetons.........

Pour réparations aux gardes de sabres.....

Pour lames de sabres, à chacune...

Pour le ressemelage de paires de bottes, à pour chacune..........................

De l'autre part. ....

Pour avoir fait remonter & mettre des pieds neufs à paires de bottes, au prix de chacune....

MÉDICAMENS pour les hommes malades.

		liv.	sous	den.
Pendant le mois de	hommes...	"	"	"
Pendant celui de	*idem*.....	"	"	"
Pendant celui de	*idem*.....	"	"	"

MÉDICAMENS pour les chevaux.

Pendant le mois de	chevaux malades.	"	"	"
Pendant celui de	*idem*......	"	"	"
Pendant celui de	*idem*......	"	"	"

FERRAGE, à raison de par cheval par mois.

Pendant le mois de	chevaux effectifs.	"	"	"
Pendant celui de	*idem*.....	"	"	"
Pendant celui de	*idem*.....	"	"	"

ÉQUIPAGES du cheval.

Pour mors de bride neufs, au prix de chacun..................................

Pour rétamage de mors, à chacun....

Pour menues réparations auxdits mors............

Pour têtières de bride, à l'une......

Pour garnitures de rênes, à chacune..

Pour filets ou bridons, à l'un......

Pour têtières de licous, à chacune...

Pour panneaux neufs de selle, à ......

Pour avoir fait raccommoder les anciens panneaux.....

Pour avoir fait rembourer panneaux, à par chacun..................................

Ci-contre . . . .

Pour de siéges de selle neufs, à . . . .

Pour avoir fait rembourer siéges, à chacun . . . .

Pour d'arçons entiers, à . . . .

Pour réparations aux arçons des anciennes selles . . . . .

Pour avoir fait raccommoder les carcasses en fer des selles de nouveau modèle . . . .

Pour réparations aux quartiers des selles . . . .

Pour {pouces / pieds} de blanchets pour lesdits quartiers . . . .

Pour contre-sanglons, à . . . .

Pour poitrails, à chacun . . . .

Pour paires de fontes, à chacune . . . . .

Pour avoir fait réparer les anciennes fontes . . . .

Pour courroies de fontes, à l'une . . . .

Pour croupières entières, à chacune . . . .

Pour culerons de croupières, à l'une . . .

Pour trousse-queues neufs . . . .

Pour réparations à de trousse-queues . . . .

Pour bottes porte-mousquetons, à . . . .

Pour courroies porte-bottes, à . . . .

Pour courroies porte-mousquetons, à . . .

Pour d'étrivières en cuir d'Angleterre, au prix de chaque paire . . . .

TOTAL . . . .

Certifié véritable par nous chargé de la Caisse dudit régiment, conforme au registre de la Dépense détaillée par espèce desdits effets achetés & délivrés aux différentes compagnies. A le jour de

Vérifié & certifié par nous {Colonel, L.t-colonel & Major / Comm.t ancien Cap.e & Aide-major} dudit régiment. A le jour de

Vu par nous Commissaire des guerres, les pièces & quittances des objets de Dépense ci-dessus détaillés, signées & certifiées des {*Colonel, L.t-colonel Major* / *Comm.t ancien Cap.e & Aide-major*} *dudit régiment, & extraites du Registre-journal qui nous a été représenté; vu aussi les reconnoissances des Capitaines, contenant les différens effets délivrés à leur compagnie, nous avons trouvé la Dépense monter à la somme de à laquelle nous avons arrêté ledit journal, visé & paraphé lesdites quittances, reconnoissances & pièces justificatives; & nous les avons remises à M. chargé de la Caisse dudit régiment, pour être par lui représentées, si besoin est.* FAIT *à le jour de*

Vu & arrêté le montant de la Dépense détaillée au présent état, à la somme de pour être acquittée par le produit de la petite Masse, par nous des armées du Roi. A le jour de

DRAGONS. *RECETTE.*

RÉGIMENT
de

Mois d

PETITE MASSE de 24 livres par homme, sur le pied complet de Maîtres, Tambours compris.

ÉTAT du produit de la Masse d'entretien, entré dans la Caisse du régiment d depuis le 1.er Janvier 1764, jusques & compris le

PENDANT le mois de Janvier.................

Celui de Février..........................

Mars.....................................

Et ainsi des autres, &c.

TOTAL du produit de ladite Masse....

CERTIFIÉ véritable & conforme au registre de Recette dudit régiment d par nous chargé de la Caisse dudit Corps. A le

VÉRIFIÉ par nous {Colonel, L.t-colonel & Major / Comm.t ancien Cap.e & Aide-major} dudit régiment. A le

COLLATIONNÉ par nous Commissaire des guerres, & trouvé conforme au registre de Recette dudit régiment, qui nous a été représenté, & dont nous avons calculé le produit, pour la Masse d'entretien & de réparation échue pendant les temps ci-dessus, montant à la somme de FAIT à le

VU & arrêté le montant de la Masse d'entretien, pour le temps ci-dessus spécifié, à la somme de par nous des armées du Roi. A le

m

DRAGONS.

RÉGIMENT
de

DÉPENSE.

EMPLOI de la petite MASSE d'entretien & réparations pendant les mois de 176

ÉTAT de la Dépense faite sur le produit de la petite Masse établie pour le complet de hommes, à raison de 24 livres par année.

POUR les quatre deniers pour livre de la somme de montant de ladite masse pendant . . .

Pour sacs de ladite somme, à raison de six deniers par cent livres. . . . .

Pour le prix de fûts de Tambours neufs, à raison de chacun. . . . .

Pour la haute-paye des huit Tambours, à raison de 2 sous par jour à chacun, pendant le mois de . . .

RÉPARATIONS à l'habillement, équipement & armement.

Pour culottes de peau de au prix de chacune. . . . .

Pour la main-d'œuvre des Ouvriers qui ont réparé & raccommodé les surtouts & gilets. . . . .

Pour avoir fait réparer & raccommoder le grand uniforme.

Pour aunes de doublure {serge / cadis} de couleur employées aux réparations dudit habillement, à l'aune. . . . .

Pour les réparations de porte-manteaux. . . . .

Pour avoir fait réparer casques. . . . .

Pour réparations à fusils. . . . .

Pour réparations aux gardes de sabres. . . . . . .

Pour lames de sabres, à chacune. . . .

Pour baïonnettes, à l'une. . . . .

Pour le ressemelage de paires de bottes, à pour chacune. . . . .

De l'autre part.............

Pour avoir fait remonter & mettre des pieds neufs à paires de bottes, au prix de chacune.....

MÉDICAMENS pour les hommes malades.

		liv.	sous	den.
Pendant le mois de	hommes...	//	//	//
Pendant celui de	*idem*.....	//	//	//
Pendant celui de	*idem*.....	//	//	//

MÉDICAMENS pour les chevaux.

Pendant le mois de	chevaux malades.	//	//	//
Pendant celui de	*idem*.....	//	//	//
Pendant celui de	*idem*.....	//	//	//

FERRAGE, *à raison de par cheval par mois.*

Pendant le mois de	chevaux effectifs.	//	//	//
Pendant celui de	*idem*.....	//	//	//
Pendant celui de	*idem*.....	//	//	//

ÉQUIPAGES du cheval.

Pour mors de bride neufs, au prix de chacun.......................................

Pour rétamage de mors anciens, à chacun.

Pour menues réparations auxdits mors.............

Pour têtières de bride, à l'une.....

Pour garnitures de rênes, à chacune..

Pour filets ou bridons, à l'un......

Pour têtières de licols, à chacune....

Pour panneaux neufs de selle, à ......

Pour avoir fait raccommoder les anciens panneaux.....

Pour avoir fait rembourer panneaux, à par chacun..............................

Ci-contre . . . .

Pour de siéges de selle neufs, à . . . . . .

Pour avoir fait rembourer siéges, à chacun. . . . .

Pour d'arçons entiers, à chacun. . . . . .

Pour réparations aux arçons des selles anciennes. . . . . .

Pour avoir fait raccommoder carcasses en fer des selles de nouveau modèle. . . . .

Pour réparations aux quartiers des selles. . . . .

Pour {pieds / pouces} de blanchets pour lesdits quartiers. . .

Pour contre-sanglons, à chacun. . . . . .

Pour poitrails, à chacun. . . . .

Pour paires de fontes, à chacune. . . . .

Pour avoir fait réparer les anciennes fontes. . . . .

Pour courroies de fontes, à l'une. . . . .

Pour croupières entières, à chacune. . . .

Pour culerons de croupières, à chacun . .

Pour trousse-queues en cuir neuf. . . . .

Pour réparations à de trousse-queues. . . . .

Pour bottes porte-fusils, à chacune. . . .

Pour courroies porte-bottes, à chacune. .

Pour courroies porte-fusils, à chacune. .

Pour étrivières en cuir d'Angleterre, au prix de chaque paire. . . . .

TOTAL. . . . .

CERTIFIÉ véritable par nous chargé de la Caisse dudit régiment, conforme au registre de la Dépense détaillée par espèce desdits effets achetés & délivrés aux différentes compagnies. A le jour de

VÉRIFIÉ & certifié par nous {Colonel, L.t-colonel Major / Comm.t ancien Cap.e & Aide-major} dudit régiment. A le jour de

n

Vu par nous Commiſſaire des guerres, les pièces & quittances des objets de Dépenſe ci-deſſus détaillés, ſignées & certifiées des

{Colonel, L.t-Colonel Major / Comm.t ancien Cap.t & Aide-major} dudit régiment, & extraites au Regiſtre-journal qui nous a été repréſenté; vu auſſi les reconnoiſſances des Capitaines, contenant les différens effets délivrés à leur compagnie, nous avons trouvé la Dépenſe monter à la ſomme de

à laquelle nous avons arrêté ledit journal, viſé & paraphé leſdites quittances, reconnoiſſances & pièces juſtificatives; & nous les avons remiſes à M. chargé de la Caiſſe dudit régiment, pour être par lui repréſentées, ſi beſoin eſt. Fait à le jour ae

Vu & arrêté le montant de la Dépenſe détaillée au préſent état, à la ſomme de pour être acquittée par le produit de la petite Maſſe, par nous des armées du Roi. A le jour de

TROUPES-LÉGÉRES. | *RECETTE.*

LÉGION ou VOLONTAIRES de

RETENUE pour Linge & Chauſſure.

ÉTAT du produit de la Retenue ſur la ſolde de paix, faite aux Grenadiers, Fuſiliers & Dragons {de la Légion / des Volontaires} de pour l'entretien du linge & de la chauſſure, ſur le pied par jour de ſeize deniers par Sergent & Fourrier, & de huit deniers par chaque Caporal, Appointé, Grenadier, Fuſilier & Tambour;

Et ſur le pied par jour de ſeize deniers par chaque Fourrier, Brigadier, Dragon & Tambour:

SAVOIR,

EFFECTIFS		POUR L'INFANTERIE.	POUR LES DRAGONS.
Pend.t le mois de	Sergens & Fourriers...		
	Fuſiliers............		
	Dragons..........		
Pendant celui de	Sergens & Fourriers...		
	Fuſiliers............		
	Dragons..........		
&c. pendant les autres mois.			
	TOTAL.......		
	TOTAL GÉNÉRAL...		

CERTIFIÉ *véritable & conforme au regiſtre de Recette* {*de ladite Légion* / *dudit Régiment*} *par nous chargé de la Caiſſe dudit Corps.*

A *le*

VÉRIFIÉ par nous *dudit*

régiment. A le

COLLATIONNÉ par nous Commiſſaire des guerres, & trouvé conforme au regiſtre de Recette détaillé pour chacune des compagnies qui compoſent {ladite Légion / ledit Régiment} de lequel nous a été repréſenté, & dont nous avons calculé le produit pour la retenue, à la ſomme de

FAIT à

VU & arrêté le produit de la retenue, pour l'entretien du linge & de la chauſſure, détaillé au préſent état, à la ſomme de par nous des armées du Roi. A le

Dépense

TROUPES - LÉGÈRES. ~~RECETTE.~~

LÉGION *ou* VOLONTAIRES de

EMPLOI de la RETENUE faite pour Linge & Chaussure.

ÉTAT de la Dépense faite sur le produit des Retenues destinées à l'entretien du linge & de la chaussure des Grenadiers, Fusiliers & Dragons {de la Légion / du régt des Volontaires} de pendant les mois de

SAVOIR,

Pour la partie de l'INFANTERIE.

POUR chemises délivrées à pareil nombre d'hommes, au prix de chacune........

Pour cols {d'étamine *ou* de panne} noire, délivrés à pareil nombre d'hommes, au prix de chacun..........

Pour paires de souliers pour hommes, au prix de chacune...................

Pour ressemelage de paires de souliers, à chacune..............................

Pour paires de guêtres {blanches *ou* noires} délivrées à hommes, au prix de chacune..........

Pour aunes de ruban pour les cheveux, à l'aune, délivrées à hommes...........

Pour cocardes de basin blanc, à chacune, délivrées à hommes.................

Pour havresacs de peau de veau à poil, délivrés à hommes, au prix de chaque havresac, compartis & doublé de toile.................

Feuille de retenue exercée par les Trésoriers, pour linge & chaussure délivrés en route aux Soldats passant dans le royaume pour rejoindre le Corps.............

Pour les imprimés, papier, encre & plume consommés pour le détail des compagnies................

TOTAL..........

Pour les DRAGONS.

Pour chemises délivrées à Dragons, au prix de chacune.....................

O

Pour cols {d'étamine *ou* de panne} noire à chacun, délivrés à pareil nombre d'hommes............

Pour paires de bas {de laine *ou* de fil} pour hommes, au prix de la paire.................

Pour guêtres blanches, à raison de chacune.

Pour paires de souliers pour hommes, au prix de la paire.....................

Pour le ressemelage de paires de souliers, à chacune................................

Pour le remplacement de paires d'éperons neufs, à la paire.........................

Pour les réparations à paires d'éperons........

Pour paires de manchettes de bottes, en toile grise, à chacune.................

Pour fourreaux de sabres, à chacun...

Pour fourreaux de baïonnettes, à chacun..

Pour bouts & chapes desdits fourreaux, à l'un ....

Pour réparations de bandoulières.............

Pour avoir fait réparer cartouches.............

Pour réparation de ceinturons...............

Pour la fourniture du blanc employé à l'entretien de la buffleterie, ci.................................

Pour la fourniture de la cire employée au même entretien.

Pour aunes de ruban pour les cheveux des Dragons, à l'aune.........................

Pour paires de gands, à la paire.........

Pour garnitures de sangles, à chaque.....

Pour surfaix à chacun..............

Pour cordes à fourrages, longues de à chaque.......................

Pour longes de chanvre pour licols, à chaque.................................

Pour sacs à avoine, à chaque..........

Pour étrilles neuves, à chacune........

Pour réparations aux anciennes étrilles.............

Pour brosses pour les chevaux, à chacune...

Ci-contre . . . .

Pour peignes pour les chevaux, à la pièce. .

Pour éponges, à la pièce . . . .

Pour besaces de treillis, à chacune . . . . . .

Feuille de la retenue exercée par les Trésoriers, pour linge & chaussure délivrés en route aux Dragons passant dans le royaume pour rejoindre le Corps. . .

TOTAL. . . . . .

CERTIFIÉ véritable par nous, chargé de la Caisse {*de ladite Légion* / *dudit rég.t des Volontaires*} *de conforme au registre de la Dépense détaillée par espèce desdits effets achetés & délivrés aux différentes compagnies. A le*

VÉRIFIÉ & certifié par nous {*Colonel, L.t-colonel & Major* / *Comm.t ancien Cap.e & Aide-major*}. *A le*

VU par nous Commissaire des guerres, les pièces & quittances des objets de Dépense ci-dessus détaillés, signées & certifiées des Officiers ci-dessus, & extraites du Registre-journal qui nous a été représenté : Vu aussi les reconnoissances des Capitaines, concernant les différens effets délivrés à leur compagnie; nous avons trouvé la Dépense monter à la somme de
à laquelle nous avons arrêté ledit journal, visé & paraphé lesdites quittances, reconnoissances & pièces justificatives, & nous les avons remises à M. chargé de la

Caisse dudit régiment, pour être par lui représentées si besoin est. FAIT *à*

VU *& arrêté le montant de la Dépense détaillée au présent état, à la somme de pour être acquittée par le produit de la retenue affectée audit entretien, par nous des armées du Roi. A le*

PETITE MASSE d'Entretien.

VOLONTAIRES de
ou
LÉGION de
Composé sur le pied complet de hommes d'Infanterie, & Dragons.

ÉTAT du produit de la petite Masse de six livres par année pour chaque homme d'Infanterie, & de vingt-quatre livres pour chaque Dragon, sur le pied complet, entré à la Caisse {de la Légion / du régiment des Volontaires} de pendant les mois de

SAVOIR,

	INFANTERIE.	DRAGONS.
Pour le mois de		
Pour celui de		
Pour celui de		
TOTAL du produit de la petite Masse.		
TOTAL GÉNÉRAL.......		

CERTIFIÉ véritable & conforme au registre de recette dudit Corps, par nous chargé de la Caisse. A le

VÉRIFIÉ par nous Colonel, Lieutenant-colonel & Major

COLLATIONNÉ par nous Commissaire des guerres, & trouvé conforme au registre de recette dudit régiment, qui nous a été représenté, & dont nous avons calculé le produit pour la petite Masse échue pendant les temps ci-dessus, à la somme totale de dont pour l'Infanterie, & pour la partie des Dragons. FAIT à

VU & arrêté le produit de la petite Masse ci-dessus, à la somme de par nous des armées du Roi. A le

LÉGION de VOL.[res] de

ÉTAT de la Dépense faite sur le produit de la petite Masse affectée à l'entretien & aux réparations de l'Infanterie & des Dragons {*de la Légion* / *des Volontaires*} *de pendant les mois d*

SAVOIR:

Pour la partie de l'Infanterie.

QUATRE deniers pour livre de la somme de montant de la petite Masse.....................

Pour sacs de ladite somme, à raison de six deniers pour cent livres..............................

Pour la haute-paye de Tambours, à raison de deux sous par jour pendant ledit temps..........

Pour réparations aux fusils....................

Pour fourreaux de baïonnettes, au prix de chacun..............................

Pour avoir fait réparer sabres..............

Pour lames de sabres, au prix de chacune.

Pour fourreaux de sabres, à raison de chacun.

Pour la main-d'œuvre des Ouvriers qui ont réparé & raccommodé l'habillement..................

Pour aunes {de cadis / de serge} au prix de chacune.....

Pour raccommoder la doublure dudit habillement......

Pour avoir fait réparer chapeaux..............

Pour réparations à gibernes................

Pour réparations à ceinturons...............

Pour le remplacement de caisses ou fûts de Tambours, achetés au prix de ....

Pour avoir fait réparer fûts de Tambours.......

Pour les imprimés, papier, encre & plume consommés pour les comptes ouverts dans chaque compagnie....

TOTAL pour l'Infanterie......

DÉPENSE *pour les Dragons.*

Quatre deniers pour livre de la somme de montant de ladite Masse pendant les mois de

Pour sacs de ladite somme, à raison de six deniers pour cent livres. . . . .

Pour le prix de fûts de Tambours neufs, à raison de . . . .

Pour les réparations de fûts de Tambours. . . . . . .

RÉPARATIONS *de l'habillement, équipement & armement.*

Pour culottes de peau de au prix de chacun. . . . .

Pour la main-d'œuvre des Ouvriers qui ont réparé & raccommodé les surtouts & gilets. . . . .

Pour réparations au grand uniforme. . . . .

Pour aunes de {serge / cadis} pour doublures de couleur employées aux réparations dudit habillement, à l'aune . . . .

Pour réparations aux manteaux. . . . .

Pour les réparations de porte-manteaux. . . . .

Pour avoir fait réparer casques. . . . .

Pour réparations aux fusils. . . . .

Pour réparations aux gardes de sabres. . . . .

Pour lames de sabres, à chacune. . . . .

Pour baïonnettes, à l'une. . . . .

Pour le ressemelage de paires de bottes, à la paire. . . . .

Pour avoir fait remonter & mettre des pieds neufs à paires de bottes, au prix de . . . .

MÉDICAMENS *pour les Dragons malades.*

		liv.	sous	den.
Pendant le mois de	. . . .	//	//	//
Celui de	*idem*.	//	//	//
Celui de	*idem*.	//	//	//

MÉDICAMENS *concernant les chevaux.*

Pendant le mois de	chevaux malades	//	//	//
Celui de	*idem*.	//	//	//
Celui de	*idem*.	//	//	//

FERRAGE, *à raison de par cheval par mois.*

Pendant le mois de	chevaux effectifs	//	//	//
Celui de	*idem*.	//	//	//
Celui de	*idem*.	//	//	//

Ci-contre . . . .

ÉQUIPAGES du Cheval.

Pour mors de bride neufs, à chacun . . .

Pour bridons, à raison de chacun . . . . .

Pour rétamage de mors anciens . . . .

Pour menues réparations aux mors . . . .

Pour têtières de brides, à chacune . . . . .

Pour rênes cordonnées par le bout en forme de fouet

Pour têtières de licol . . . .

Pour couvertures de laine pour garnir le dessous des selles, pesant chacune au prix de la pièce.

Pour jarretières ou petites courroies pour attacher les fontes à la garniture . . . .

Pour le remplacement de corps de selles à la hongroise, à chacune . . . .

Pour poitrails, à chacun . . . .

Pour croupières, à la paire . . . .

Pour paires d'étriers, à la paire . . . .

Pour les étrivières, à la paire . . . .

Pour remplacement de paires de fontes pour les pistolets, à la paire . . . .

Pour réparations aux housses ou schabraques . . . .

TOTAL . . . .

CERTIFIÉ véritable par nous chargé de la Caisse {de ladite Légion / dudit Régiment} *conforme au registre de la Dépense détaillée par espèce desdits effets achetés & délivrés aux différentes compagnies. A*
le

VÉRIFIÉ & certifié par nous Colonel, Lieutenant-colonel & Major. A le

VU par nous Commissaire des guerres, les pièces & quittances des objets de Dépense ci-dessus détaillés, signées & certifiées des

Officiers-commandans, & extraites du Registre-journal qui nous a été représenté : vu aussi les reconnoissances des Capitaines, contenant les différens effets délivrés à leur compagnie, nous avons trouvé monter la Dépense à la somme de à laquelle nous avons arrêté ledit journal, visé & paraphé lesdites quittances, reconnoissances & pièces justificatives, & nous les avons remises à M. chargé de la Caisse dudit régiment, pour être par lui représentées, si besoin est. FAIT *à le*

VU *& arrêté le montant de la Dépense détaillée au présent état, à la somme de pour être acquittée par le produit de la petite Masse, par nous des armées du Roi, le*